AF468406

V.-E VEUCLIN

Correspondant du Comité des Sociétés des Beaux-Arts, etc., lauréat de Sociétés savantes.

UNE HISTOIRE DE BERNAY

ÉCRITE EN 1765

BERNAY
IMPRIMERIE E. VEUCLIN
1890

UNE HISTOIRE DE BERNAY

ÉCRITE EN 1765

Monseigneur,

L'amour patriotique dont je suis animé et le désir que j'ai de faire quelque honneur à notre ville de Bernay et à ses environs, m'a engagé à faire bien des recherches et à consulter des personnes de Lettres pour sçavoir les antiquités de Bernay, tout ce qui s'est passé de mémorable dans cette ville, les personnages célèbres qui y ont pris naissance et généralement tout ce qui pourra servir au Dictionnaire qu'on projette de faire et dont le Père Le Long a donné la première Edition ; sur les articles employés dans le mémoire imprimé que vous m'avez fait l'honneur de m'adresser le 27xbre dernier; mon mémoire est un peu long, mais il est soumis à la sagacité des compilateurs qui travaillent à ce nouveau dictionnaire; dans les citations on verra qui sont les autheurs anciens et modernes qui ont parlé de la ville de Bernay; je souhaitte qu'on y puisse trouver quelque chose d'utile ou d'agréable et de curieux dont on ait point encore parlé.

J'ai l'honneur d'être, avec un parfait respect,
Monseigneur,

Votre très humble et très-obéissant serviteur.

FOUCQUES DASNIÈRE

MÉMOIRE

concernant la ville de Bernay en Normandie, son antiquité et ce qui peut y avoir de remarquable dans laditte ville et ses dépendances, pour servir de réponse aux articles du mémoire imprimé envoyé par M. l'Intendant de la Généralité d'Alençon à son subdélégué à Bernay, le 27 Xbre 1764.

Fait ce 20 mars 1765.

BERNAY, en latin *Bernacum*, *Bernayum*, *Bernacum*, ville de la Haute Normandie : On croit que ce nom peut venir de Barner, qui, en vieux gaulois, signifie un juge, ou de Barnen, qui signifie en allemand, un grenier à foin, ou enfin de l'anglo-saxon Barn, qui signifie la même chose. Quoiqu'il en soit, elle a devant soy, au sud, une grande & fertile prairie et elle en a encore deux autres, l'une à son ouest, l'autre à son est.

L'article de cette ville, que l'on trouve dans de célèbres dictionnaires, a besoin d'additions, des corrections et de détails parce qu'on aura fourni des mémoires décharnés et peu exacts. La ville de Bernay est à 18° 20' de longitude, et à 49° 6' de latitude. Elle est à l'extrémité du diocèse de Lisieux et du petit pays du Lieuvin, sur la rivière de Carantonne, qui sépare les diocèses de Lisieux et d'Evreux et les pays du Lieuvin et d'Ouche. Sa situation est entre trois côteaux, dont l'un, nommé les Monts, la ferme dans toute sa longueur du côté du nord ; elle a à l'est-sud-est celui de Bouffey et à l'Ouest-sud-ouest, le troisième, nommé le Cours, qui forme une grande et spacieuse place où se tiennent les foires. Au sud, elle regarde sa grande prairie où coule la Carantonne, qui passe devant la porte de Paris, coupe en deux le faubourg et où elle est si profonde qu'il faut la passer sur un grand pont de pierre. Au sud, elle reçoit auprès de la porte des Champs la rivière des Champs, qui n'est qu'un bras ou une saignée de la Carentonne, qui après avoir arrosé le quartier des Cordeliers et ensuite l'Abbaye, va se rejoindre à la rivière A l'ouest, assez près de la porte de Lisieux, elle reçoit le ruisseau deCoigney, qui traverse la ville, fait aller ses moulins et va se jetter par deux bouches dans la Carantonne, au-dessous de la basse ville.

Si Bernay a à craindre de ses eaux, sa rivière et son ruisseau s'enflant quelque fois si considérablement qu'il inonde les bas quartiers, il en tire aussi de bons avantages. La Carentonne lui fournit de bon poisson et abondamment, comme truites saumonées, anguilles, goujons, écrevisses et autres ; le ruisseau, outre le service des moulins, sert aux mégissiers, aux tanneurs, aux teinturiers, aux manuctures de frocs et de toiles, etc.

Il y a encore dans la ville la fontaine de la Roussière, dont l'eau est bonne, et à l'extrémité du faubourg de la Rue Marie la Fontaine de Saint-Germain, dont l'eau est jugée tres bonne, très légère et très saine, et au fauxbourg de Coigney, on trouve une fontaine d'eaux minérales que l'on dit bonnes. Cette ville est à 12 ou 13 lieues sud-ouest de Rouen, à 6 lieues sud-est de Lisieux, à 9 ou 10 lieues sud-est de Honfleur, à 3 lieues est-est nord-est d'Orbec, à 3 lieues est de Beaumont le-Roger, et à 30 lieues ouest-ouest nord-ouest de Paris.

On remarquera ici en passant que plusieurs cartes géographiques sont peu exactes pour ces distances.

Des auteurs célèbres parlent de Bernay comme d'une petite ville, cependant, dans l'exacte vérité, elle est d'une bonne grandeur, et entre les villes du second ordre de la province, elle est une des meilleures et qui peut égaler quelques unes des Episcopales. *Oppidum non ignobile.* — Elle a porté les titres de Baronnie et de comté. Un auteur y compte 1.224 feux et plus de 6.000 âmes. Il y en a en effet davantage, et il y a apparence qu'il n'a pas compté les écarts ou hameaux qui sont cependant du corps de la bourgeoisie et ont voix délibérative à la chambre de ville.

Bernay a cinq portes qui sont les portes d'Orbec, de Lisieux, de Rouen, de Paris et des Champs, avec cinq fauxbourgs dont deux portent le nom des portes : celui de la porte de Paris s'appelle Bougeville ; celui de la porte des Champs s'appelle le fauxbourg de la rue Marie ; celui de la porte d'Orbec s'appelle Coigney.

Les fortifications consistoient en un fossé profond et des murailles flanquées de tours d'espace en espace. Les portes avoient des tours qui les défendoient, mais tout cela, aujourd'hui, est ruiné en tout ou partie. La porte de Paris étoit d'ailleurs défendue avantageusement par les eaux de la Carantonne. Le ruisseau de Coigney ferme, du côté du nord, le quartier appelé le Grand-Bourg.

Bernay a son gouverneur, qui est aujourd'hui M. le marquis d'Heudreville. Cette ville est de la Généralité d'Alençon ; deux bailliages y tiennent leur tribunal : celui de Montreuil, qui est un membre du grand bailliage d'Alençon, sur la paroisse de Notre-Dame ; celui d'Orbec qui est un membre du grand bailliage d'Evreux, sur la paroisse de Sainte-Croix. Les jours d'audience pour ces juridictions et pour les autres sont les samedis. Le corps de ville est composé d'un maire et de deux échevins dont le second prend le nom de procureur-syndic. Il y a une maison de ville, un lieutenant-général de police et un procureur du Roy. Il y a une élection composée d'un président, d'un lieutenant, d'un procureur du Roy et de élus, et un des élus est jugé au grenier à sel. Il y avoit ci-devant siège de Viconté pour chacun des bailliages. Il y a grand bureau des aides, grand bureau des postes, grand bureau du tabac, et le grenier à sel est ouvert trois fois la semaine, ainsi que les halles à bled et autres grains, sçavoir : les mardis, les jeudis et samedis. On y tient un grand marché tous les samedis, et ce jour, il y a bureau pour la marque et halle ouverte pour la vente des toiles et frocs.

Le commerce principal consiste en bleds, lins, chanvres, laines toiles et draperies. Il y a deux grandes manufactures : celle de toile dites de Cretonne, que l'on porte à Paris et que l'on estime ; et outre cela on y fait beaucoup de grosses toiles de lin et de chanvre, pour l'usage du lieu et du pays. L'autre manufacture est de gros draps que l'on appelle frocs, que l'on y prépare et que l'on y teint, et que l'on transporte ensuite à Saint-Denis-en-France et à Chartres. Ces deux manufactures occupent une multitude de personnes, et les femmes et les enfants pour le filage ; c'est pourquoi on vend le samedi tant de lins, de laines et de fils de toutes qualités, que l'on apporte de la campagne du Lieuvin, et en particulier de la campagne de Bernay, qui en fait partie, et où le lin, le chanvre, le bled, croissent abondamment, et où l'on nourrit de grands troupeaux de moutons.

Outre ce commerce, on trouve dans la ville quantité de marchands de toute espèce. Ainsi cette ville est distinguée par son commerce. Il y a trois foires : la première qui se tient la semaine de la Passion, avant le dimanche des Rameaux, et que l'on appelle la " Foire Fleurie ", qui dure 2 jours ; on peut dire 4, elle commence le mercredi, jour auquel on vend sur le Cours une très-grande quantité de bœufs et de moutons, le jeudi et le vendredi, on vend beaucoup de chevaux, et le samedi on vend des marchandises de toute espèce. Le Cours est chargé d'une affluence d'hommes et d'animaux, et la ville pleine d'une multitude de marchands forains. La deuxième foire se tient le mercredi des Quatre-Temps de la Pentecôte, la troisieme le mercredi des Quatre-Temps après la Sainte-Croix, en septembre ; ces deux dernières ne sont ne sont pas si considérables que la première. Il y a à Bernay deux receveurs des tailles, qui exercent alternativement chacun leur année.

Nous remarquerons que si Bernay a l'avantage d'attirer par ses foires les bœufs de Basse-Normandie ; elle a encore celuy de les voir passer tous les lundis qu'on les conduit au gros marché du Neubourg et de là pour Paris. Ainsi on a dans cette ville, de bonne viande, non seulement de bœuf, mais encore de mouton, à cause de ses côteaux et de ses belles plaines, propres à nourrir ces animaux. On y trouve assez abondamment du poisson de rivière et de mer, comme nous l'avons dit, et le gibier, tous les samedis n'y manque pas. N'oublions pas que les petits pâtés de Bernay sont vantés. On fait encore dans cette ville un grand débit d'eau-de-vie. Le vin y est un peu cher, à cause de l'éloignement des vignobles et des droits que l'on tire. La boisson ordinaire est le cidre, qui est beau et bon, et le poiré, qui fait la boisson du petit peuple.

Avec tous les avantages dont nous venons de parler, il faut convenir que s'il y a des gens aisés à Bernay, il y en a beaucoup aussi d'une petite fortune, et beaucoup de pauvres qui souffrent à la première cherté, si la charité des pasteurs et des honnêtes gens ne les soutenoient, autant que permettent les bornes que Dieu a mises à leur pouvoir.

Cette ville a dans ses murs quelques grands bâtiments publics, comme les écuries du Roi et la grande boucherie, dont la moitié sert de halle pour les toiles et les frocs. Ces deux bâtiments ont des portes aux deux bouts, et des portes collatérales. Dans un autre quartier, la petite boucherie et la grande halle pour les grains se tiennent dans la rue, et ces deux halles ouvrent et commencent l'une après l'autre. Il y a enfin un autre bâtiment pour l'usage de la poissonnerie. MM. les bénédictins, comme anciens barons de Bernay, au droit du souverain, ont droit de la faire ouvrir les premiers. Il n'y a point dans cette ville d'autre place publique que celle que l'on appelle Le Pilori, si ce n'est les cours extérieures de l'Abbaye qui sont grandes, et c'est où on fait ordinairement les feux publics. Ce que l'on appelle le Tour des Etaux, où l'on place les affiches ordinaires, n'est point une place.

La superstition qui est de tout pays, a fait imaginer à quelques-uns du peuple que certaine fontaine qui est à un quart de lieue de la ville, à l'ouest, et qui est une des celles qui forme le ruisseau de Coigney, marque par les différentes crues de ses eaux le haut ou le bas prix du blé mais cette imagination est tombée.

L'accent, parmi le peuple, n'est pas le Bas-Normand ; on y parle passablement bref, si ce n'est que l'on appuie beaucoup sur la dernière syllabe du mot qui finit une petite phrase et cela gâte beaucoup la prononciation. Un mot de surprise parmi le peuple est *agathien* ; à Rouen et ailleurs, on dit *aga*. Ces petits vices n'empêchent pas que Bernay n'ait mérité le nom de *pays de sapience* ; il y a eu, en effet, dans tous les temps, et il y a encore dans son sein, des gens d'un vrai mérite en différent genre.

Nous laissons les vivants *laude post mortem* ; nous marquerons seulement quelques-uns des anciens à qui cette ville ou les environs ont donné naissance, comme Alexandre de Paris, Jean Fournage, secrétaire de Charles, roi de Naples et de Sicile, Raoul de Bernay, Le Vavasseur, célèbre musicien, Gabriel du Moulin, historien de Normandie ; M. Le Roy, curé de la Couture, grand philosophe, grand prédicateur, profond théologien, homme d'une solide piété, M. Goulafse, s' prêtre, curé de Ste-Croix, M. de la Vache de la Voisanderie, juge aussi intègre que grand chrétien ; Mrs d'Alzac de Tigeville ; Mrs Poquet, missionnaires apostoliques ; M. Hente, aussi missionnaire ; M. Doui, mort à la Trappe ; M. l'abbé Dirlande et plusieurs autres qui mériteroient bien chacun un article. Cette ville ou les environs ont donné d'excellents sujets à la Sorbonne et à la maison du Roy. Les dehors de la ville, à une et deux lieues, sont embellis de beaucoup de châteaux, dont il y en a de fort beaux, comme Broglie, à Mr le duc & maréchal de ce nom, Beaumesnil, à la maison de Graville, Morsan, à la maison de ce nom, Courbépine, à la maison de Prie, &a.

Partie ecclésiastique de Bernay

Cette ville est du diocèse de Lisieux, dans le grand archidiaconné, et chef-lieu du doyenné de Bernay. Il y a deux paroisses, l'une sous l'invocation de la Ste Vierge, et sous le nom de Notre-Dame de la Couture de Bernay ; l'autre sous l'invocation de la Sainte-Croix et sous le nom de Sainte-Croix

La première est une grande église avec sous-ailes et tour de chapelles ; il y a 12 chapelles, mais elles ne sont pas des titres. Son vitrage est peint pour la plupart. Ce temple est vénérable par son antiquité, et la vue intérieure imprime une religieuse frayeur; c'est un lieu d'une dévotion singulière, vive et très étendue. Les peuples y accoururent de toutes parts, et le grand nombre de miracles qu'ils s'y sont opérés soutiennent cette piété. On y conservoit anciennement de précieuses reliques, mais tout a été dissipé par le malheur des guerres.

L'autre paroisse est aussi une église grande et bien bâtie, qui a sous-ailes, mais non le tour de chapelles. On y garde un morceau de la vraie croix sur laquelle le Sauveur est mort, que l'on expose à la vénération des peuples ; nous en rapporterions avec joie les preuves si nous les connaissions. Dans l'une et l'autre église, l'office se fait décemment, il n'y a point de musique, mais il y a orgue et serpent, et le clergé y est nombreux, surtout dans la première.

Il y a à Bernay une riche et belle abbaye de bénédictins, l'église est grande et ornée, et on y garde un ossement de St André, apôtre. La maison, nouvellement et solidement bâtie, est belle et d'une grande apparence, et ses vues tournées au sud sont fort riantes. Un auteur dit qu'elle vaut 16,000 fr. de rente, un autre en met plus de 20,000 ; nous ne déciderons point cet article. Elle est taxée à la chambre apostolique à 1,200 florins d'or. Pour les annales, l'abbaye de Bernay est fille de l'abbaye de Fécamp.

Cette ville a encore un monastère de Cordeliers et un autre de Pénitents, une maison de cordelières-annonciades qui gouvernent l'Hôtel-Dieu. (Je ne sais pourquoi on donne à cette maison le nom d'abbaye) Il y a aussi une maison de religieuses de la congrégation de Notre-Dame, dites de la Comté. Il y a une maison où l'on a fondé trois sœurs de charité pour le service des pauvres. On y trouve aussi un hôpital général bien bâti à neuf, et en fort bon air, dont on a donné le soin d'abord à des religieuses venues de Vimoutiers, mais cette maison a aujourd'hui ses religieuses, et elle est pour le spirituel et le temporel, dirigée et administrée au mieux. Il y a dans la ville un collége où l'on enseigne les humanités, et qui est d'un grand secours pour la ville et les pays voisins.

Les autres églises sont une chapelle dans la prison criminelle et une autre dans le cimetière de Ste-Croix, que l'on avoit marquée pour y tenir les conférences ecclésiastiques, qui étoient ci-devant le premier jeudi de chaque mois, régulières à Bernay et si avantageuses, comme ailleurs.

Hors la ville, sur le côteau au Nord, est la chapelle Saint-Michel, qui est un titre dans la main des bénédictins. Anciennement il y avoit, dans la ville sur le ruisseau de Coigney, une chapelle de Sainte-Gertrude : hors la ville, à l'ouest étoit la chapelle ou Prieuré de la Madeleine, qui étoit une ancienne Léproserie ou Maladrerie, aujourd'hui unie à l'Hôpital Général et à l'extrémité du fauxbourg de la rue Marie, étoit la chapelle Saint-Germain, qui étoit grande et dont les murs étoient forts, servant de digue à la rivière de Carentonne sur laquelle elle étoit bâtie.

Tous les ans, le mardi, dans l'Octave de la fête Dieu, il y a à Bernay une grande et nombreuse assemblée ecclésiastique, sous le nom de Calende et c'est la seule du diocèse qui soit fixée à jour marqué ; ce jour, tout le clergé séculier de la ville et de la campagne de toute l'étendue du Doyenné, se trouve réuni ; Mgr l'Evêque ou un Grand-Vicaire à la tête ; la procession dans la ville, ensuite la Grand-Messe et le sermon, tout se fait le plus solennement qu'il est possible. Cette assemblée se fait pour la commodité dans l'Église Sainte-Croix, au moins, c'est l'usage présent.

Antiquités de Bernay.

Un examen attentif des antiquités d'un lieu, sera toujours le moyen de le bien connoître et d'en donner une juste idée aux autres. Qui ne voit les choses que comme elles sont aujourd'hui ne les voit qu'à demi et n'en peut parler avec exatitude. Le lecteur d'ailleurs veut aller plus loin et aime à promener son esprit dans des temps reculés. Rassemblons donc ici ce que nous pourrons des antiquités de Bernay.

Du Chesne, dans ses antiquités des villes, borne le pays des Lexoviens ou Lexobiens par les rivières de Dive et de Rille; il est donc constant que les habitants de Bernay et de son territoire, ont fait partie de cet ancien peuple, si belliqueux et si connu du temps de César, ainsi toutes les fois que l'on parle des Lexoviens, non comme habitants de Lisieux mais du Lieuvin et comme d'un peuple réuni, les Bernayens y sont compris. De même lorsque les historiens, en parlant d'une excursion de Raoul ou Rollon encore infidèle, disent que chemin faisant, il prit et pilla Lisieux Evreux et les pays des environs, il demeure constant que Bernay eut part à ces malheurs qui arrivèrent vers la fin du IXe siècle. Et que l'on nous dise pas que nos conséquences sont forcées & de pure conjecture, puisque nous sommes fondés en titre.

Une charte de Richard II, duc de Normandie, de l'an 1017, dit que Bernay est fort ancien : *in loco hoc qui Bernaicus priscorum dictus est vocabulo*. Et ce Bernay si ancien dès le commencement du XI siècle étoit aussi un lieu important qu étoit du domaine particulier du prince e que le prince donna à la duchesse son épouse pour sa dot et pour l'entretien de sa maison : *Ejus, quod illi dotali legi, concesseram fundi, ac familia.* Sans doute il ne lui donna qu'une terre titrée, une bonne baronnie, chef-lieu de plusieurs autres terres, d'un revenu suffisant pour la maison de la princesse ; aussi à la suite de la donnation de Bernay, il nomme une douzaine de terres, tant paroisses qu'autres, toutes dans le territoire de la ville ou dans le voisinage, ensuite, il en nomme onze autres un peu plus éloignées avec des forêts. Ensuite il revient à la donnation de Bernay, par lequel il avoit commencé mais dont il n'avoit dit qu'un mot *concedo Bernaicum*, et il ajoute qu'il donne aussi le marché qui se tient à Bernay toutes les semaines, les foires qui s'y tiennent dans l'année, tous les us et coutumes ou droits que l'on y perçoit et qui lui appartenoient soit à Bernay, soit dans les autres terres désignées : *Concedo etiam in ipsa villa Bernaico mercatum per singulas anni hebdomadas et nundinas annales et omnes consuetudines tam ex his quam ex supra dictis villis omnibus, ad nos pertinentes.*

Nous croyons voir ici sinon une ville au moins un gros bourg, chef-lieu d'un canton, dès les vieux temps réputés très anciens, situé dans le pays des Lexoviens puisque Bernay est à deux ou trois lieues en-deçà de la rivière de Rile qui, constamment, ferme le Lieuvin à l'Est.

C'est un fait appuyé sur une tradition constante et immémoriale que Bernay dans ces anciens temps n'occupoit qu'une partie de l'emplacement qu'occupe aujourd'hui la ville. Cet ancien bourg s'étendoit depuis le quartier de la ville, que nous appelons aujourd'hui le Grand-Bourg, jusqu'à son église et ainsi occupoit tout entier le champ qui sépare maintenant le fauxbourg de la rue Marie, de la ville, en sorte qu'il avoit devant soi, à l'Est, ses prairies et la rivière dite des Champs, à l'Ouest, le côteau dit le Cours, au Nord, le ruisseau de Coignier et un étang, au Sud, son unique église, sous l'invocation de la Ste Vierge, ou plutôt la Chapelle St-Germain qui pouvoit être son bapistaire dans ces temps où l'on administroit le sacrement par immersion ; car nous remarquerons ici, en passant, que quelqu'un attentif, considérant cette chapelle où l'on pouvoit avoir toutes commodités pour l'administration du sacrement, son emplacement au pied d'une roche d'où sort une belle fontaine d'eau tiède pendant l'hiver, sa distance d'environ cent pas de l'église et le point où se réunissent les deux principales rues du bourg, a cru que cette Chapelle étoit, en effet, le baptistaire de Bernay.

Nous connaissons et nous savons encore les noms des rues de cet ancien Bernay : la rue Marie qui commence au bout oriental de la rue du Grand-Bourg et continue encore sous ce nom jusqu'à la Chapelle St-Germain; la rue d'en haut qui commence au bout occidental de la même rue Grand-Bourg et continuoit jusqu'à l'église paroissiale ; depuis que les Pénitents sont établis dans ce fauxbourg, où ils ont abbatu plusieurs maisons, on leur a permis de fermer une partie de cette rue et de l'enclaver dans leur enclos.

Tel étoit l'ancien Bernay, qui étoit d'une bonne grandeur et ce fut en ce lieu, en 1013 que Judith de Bretagne, femme de Richard II, duc de Normandie, voulut de ses biens doteaux, du consentement du Prince, fonder l'abbaye des Bénédictins que l'on y voit aujourd'hui et le choix du l'emplacement étoit conforme à la règle de St-Benoît suivant laquelle, on bâtissoit bien des monastères dans le voisinage des lieux habités, mais non dans l'enceinte de ces lieux, et si la plupart de leurs maisons s'y trouvent aujourd'hui, c'est que par la suite des temps, les villes ou bourgs se sont augmentés et étendus, comme nous le savons de Rouen et de plusieurs autres.

La princesse commença donc à bâtir près le bourg de Bernay et à son Est, proche la rivière de Caranthonne et au dessous du confluent de Coigney avec cette rivière, ce lieu, vraisemblement étoit chargé de brousailles et de haut bois, dit-on, mais bientôt il commença peu à peu à se défricher, la charité des religieux leur amena peu à peu des voisins.

Cependant la Duchesse mourut à Bernay avant la fin de l'ouvrage, que le Prince fit achever et donna sa charte datée du Palais de Fécamp, au mois d'août 1014 (ou 1017) indiction 8, la 38, ou plutôt, selon Mézerai, la 31 ou 32e année du règne de Robert Roy de France et signée du duc, des deux princes fils du duc, de l'archevêque, des six évêques de la province et de beaucoup des principaux seigneurs.

Le corps de cette princesse est inhumé dans cette abbaye, mais comme l'ouvrage n'étoit pas fini lors de sa mort, la même tradition nous apprend qu'il fut déposé dans l'église paroissiale de Bernay, et on y voit encore, sur une des portes collatérales du chœur, une image de pierre qui représente une princesse avec l'hermine de Bretagne, à genoux les mains jointes, regardant l'image de la Ste-Vierge au Grand-Autel. Bernay avoit donc alors son unique et très ancienne paroisse sous l'invocation de la Ste Vierge, qui embrassoit dans son enceinte comme elle fait aujourd'hui, le bourg et la campagne de Bernay, bordée de ses hameaux et tout le terrain du lieu.

L'autre partie de la ville de Bernay maintenant, étoit dans ce temps, un lieu inculte, ou l'abbaye fut bâtie, qui, à cette occasion, se défricha, reçu des habitants et forme un quartier, qu'on put appeler le Petit-Bourg, sous l'auspice, et avec le secours des religieux, on y bâtit une église ensuite, sous l'invocation de la Sainte-Croix sur laquelle l'abbaye a conservé le droit de curé primitif, qui, après bien des débats, lui a été conservé par arrêt du Parlement de Rouen en 1726, et confirmé au Conseil en 1736 ou 1737. Mais, quoique disent deux auteurs célèbres, l'abbaye n'a jamais eu, n'a point et ne prétend point ce droit sur l'ancienne paroisse, dont elle a seulement la présentation à la cure en la place d'un souverain qui lui à donné, par sa charte, tous ses droits à Bernay, *concedo Bernaicum.*

L'ancien Bernay continua longtemps à être peuplé comme auparavant, mais enfin les guerres & les misères qui en sont la suite inévitable, firent penser à se fortifier, et pour le faire plus avantageusemet, parce que Bernay s'étoit beaucoup étendu, on se retrancha à l'abri des trois côteaux ; on traça une ligne de circonvallation, qui laissa dehors une partie de l'ancien bourg, qui peu à peu s'est dépeuplée et est aujourd'hui un champ labouré, mais où on voyoit encore, il n'y a guère plus de 100 ans plusieurs maisons.

Depuis que Bernay à reçu ses nouvelles fortifications, on s'est presqu'accoutumé à regarder ce qui est dehors comme appartenant à la campagne et la paroisse de Ste-Croix comme sa seule église paroissiale. De là, nous voyons que plusieurs cartes géographiques placent l'église Notre-Dame, comme un village auprès de la ville. Que les sermons de station, pour la plupart, se fassent maintenant à Ste-Croix, que les calendes s'y tiennent, c'est une commodité marquée que l'on a cherché, mais l'église de Notre Dame n'est pas moins la première paroisse de la ville et du Doyenné, comme on le voit dans tous les pouilliés ; elle possède une bonne partie de la ville et toute la campagne de Bernay comme autrefois et pour conserver ses droits anciens sur les augmentations de Bernay, elle fait encore, deux fois tous les ans, dans les processions du St-Sacrement, tout le tour de ce nouveau Berrnay, et à chaque fois, par des rues différentes et jusqu'à faire station dans la chapelle du Cimetière de cette paroisse.

Le curé de Notre-Dame, depuis qu'il eut un confrère dans la personne du curé de Sainte-Croix eut toujours le pas sur luy dans les assemblées et ce ne fut qu'à la sollicitation d'un de M. Hennequin successivement abbé de Bernay que le curé de la Couture alors, consentit à se contenter de l'alternative dans la ville de Bernay, il est d'usage que les assemblées du clergé séculier et régulier, lors des feux de joie et le jour de l'Assomption dans l'abbaye, c'est le lieu ordinaire de l'assemblée et quand il y a procession, l'église N.-D. est de tout temps et exclusivement à toute autre l'église de la station.

Après cette explication toute simple, mais nécessaire pour l'intelligence des lieux et qu'il a fallu conduire jusqu'à nos jours, retournons à nos antiquités.

III. Robert Cænalis remarque sur la fondation de notre abbaye, qu'on lui donna d'abord des gardiens custodes qui étoient comme des administrateurs et des économes du temporel, que le premier fut Rudulphe, abbé du Mont-Saint-Michel, qui donna Utique et Beaumontel à Onfroy-de-Vieilles ; le second fut Théodoric, abbé de Jumiéges, qui donna la moitié du Bourg de Bernay, *medietatem burgi Bernaci*, au père de Roger de Montgommery, son parent ; ainsi, au lieu d'économie, voilà une dissipation ; aussi, on ne voulut plus de pareils gardiens ; on laissa les abbés seuls maîtres. Mais nous remarquerons que cette donation de la moitié du bourg de Bernay, au comte de Montgommery, apparamment a donné naissance au Comté de Bernay. il faut dire ici ce qui a été oublié plus haut, que l'abbé de Bernay avoit séance à l'Echiquier de Normandie.

IV. En 1042, ou plutôt, 1047, plusieurs seigneurs se révoltèrent contre le duc Guillaume le Bâtard ; ce prince eut recours à la France, et leva dans son dûché des troupes, partout où il put, notre Bernay, que l'historien appelle icy ville, contribua de ses hommes pour la défense du souverain, ainsi que les autres bons sujets. Guillaume se mit à la tête de ces troupes et marcha avec le Roy de France aux ennemis qui étoient en force. Ces deux puissantes armées se rencontrèrent auprès d'Argences, en basse-Normandie & on en vint aux mains en un lieu nommé le Val-des-Dunes, le combat fut extrêmement sanglant, les factieux furent rompus, battus & miz en fuite & le duc avec le Roy remportèrent une victoire mémorable.

V. En 1123, Bernay avoit pour gouverneur Eudes de Borlenge, qui étoit un grand capitaine et que l'on trouve dans les catalogues à la fin de l'histoire de Dumoulin, au rang des seigneurs renommés en Normandie, depuis Guillaume-le-Conquérant jusqu'au 12e siècle. La bataille du Bourgtheroude qu'il gagna cette année lui fit infiniment de l'honneur et rendit un serviceimportant à Henri 1er roi d'Angleterre et duc de Normandie. Waloran, comte de Meulan, l'un des plus grands et des plus puissants seigneurs de la province, s'étoit révolté et donnoit de l'inquiétude; le Gouverneur d'Evreux ayant appris qu'il étoit à sa forteresse de Vateville près Brionne, en donna avis à Eudes gouverneur de Bernay, à Henri de Pontaudemer et à Guillaume de Harcourt; ils ramassèrent aussitôt leurs troupes qui ne montèrent pas à plus de 300 hommes, pourquoi quelques-uns eussent bien voulu ne point donner de combat, mais, dit l'historien Du Moulin sous cette année, le capitaine de Bernay, par un généreux discours les anima si bien à la guerre, qu'ils attendirent avec impatience les approches de l'ennemi. Le comte de Meulan parut aussitôt l'combat s'engagea et fut funeste à ce comte et à ses principaux amis qui furent faits prisonniers ; le reste fut tué ou bien dissipé.

VI. Vers ce temps, on trouve un Raoul de Bernay qui s'acquéroit de la gloire, de l'honneur et des biens au royaume de Naples avec les autres seigneurs normands. On peut voir Du Moulin, « conquêtes des Normands sous les premières années du XIIe siècle.

VII. En 1153, pour pacifier quelque froideur qui étoit depuis longtemps entre Robert comte de Monfort-sur-Rile et son oncle Waleran, comte de Meulan, on convint de faire assemblée d'amis près de la ville de Bernay ; là Robert fut si perfide qu'il prit son oncle prisonnier, le mit dans le château d'Orbec etc. (Du Moulin, his. de Norm., sous l'an 1153).

VIII. Nous placerons ici un ou deux traits d'histoire oubliés ci-devant 1° la donation du prieuré de Bolbec à l'abbaye de Bernay par les différents seigneurs du lieu confirmée par Gautier Giffard, seigneur dominant qui approuve la disposition faite par ses barons, et confirmée enfin par le duc Guillaume, dans l'assemblée de Lillebonné, en 1061. Vital étoit abbé de Bernay. Ce même abbé, en 1097, étoit à Caen avec les autres prélats, pour les obsèques de Guillaume-le-Conquérant.

IX. Vers 1180, Arnoult, évêque de Lisieux écrivit aux religieux de Bernay, au sujet de quelques contestations pour l'élection d'un abbé.

X. Inscription qui se voit dans l'église N.-Dame de la Couture, à une vitre des sous-ailes, où est représenté un arbre de Jessé & qui est estimée riche : « L'an de grâce mil deux cent quatre-vingt (M. CC. IIIIxx) dix-neuf août, Jean Fonrmage, en son vivant secrétaire du roi Charles & Alexise, sa femme, ont donné cette verrine, priez Dieu pour eux. »

C'est Charles d'Anjou, c[te] de provence, frère de St-Louis, à qui le pape Clément IV, donna le royaume de Sicile, et en l'an 1265, et la couronne à Rome, le 4 Janvier 1266, (Fleuri, hist. Eccl. liv. 85, N. 35 et 42.

Ce Fourmage étoit de Bernay ; on trouve dans un vieux registre de la Couture, en 1399, un autre Jean Fourmage qui servoit à la Charité.

On voit à la dite vitre les images des donateurs et au-dessous des armoiries qui sont défigurées.

XI. Pierre, comte d'Alençon, fils de St-Louis, ajourna à la cour de Philippe-le-Bel roy de France, son frère, les abbé et religieux de Bernay, prétendant avoir la Garde et plaid de l'épée, disant que les comtes d'Alençon avoient fondé et doté cette abbaye. Les abbé & religieux répondoient au contraire que la princesse Judith les avoit fondée de ses biens doteaux, et que n'ayant pu achever l'ouvrage, Richard, duc de Normandie y avoit mis la dernière main et on leur avoit donné ce qui étoit son patrimoine, que les comtes d'Alençon ne leur avoit rien donné & ils produisoient leur titres, demandant à être maintenus en la garde et protection du Roi, comme duc de Normandie, ce qui fut jugé à Paris au mois de Juin 1280. Ce prince comte d'Alençon mourut en 1283, et fit des legs considérables à plusieurs églises et en particulier à l'abbaye de Bernay.

XII. Le monastère des religieuses hospitalières de Bernay, ou cordelières Annonciades, fut fondé vers l'an 1250 par le Roy St Louis, (cet article devroit être avant les deux précédents).

XIII. Un ancien livre appartenant à Notre-Dame de la Couture, nous apprend qu en 1417, les Anglais se rendirent maîtres de Bernay, et que la confrérie de charité de cette paroisse, se sauva à Verneuil, au Perche, avec l'argenterie et ornements, où elle demeura depuis le 4 août jusqu'à la Toussaint. Il y a une tradition au sujet de cette confrérie que l'on ne doit point laisser échapper, qui est que dans un temps de peste qui ravageoit la ville de Honfleur, cette confrérie eut le courage d'y aller et d'ensevelir les morts et depuis ce temps, elle y va tous les ans pour y recevoir les offrandes des habitants et elle même y est reçue avec joie. Nous n'avons pu recouvrer encore la date de cette bonne œuvre, peut-être est-elle postérieure au temps où nous sommes.

XIV. « Extrait de la chronique de Normandie, sous le commencement de l'an 1450 :

« Le temps pendant, le Roy de France, étoit logé en une abbaye que l'on nomme Grestain, à deux lieues près de Honfleur lequel se partit et alla à Bernay et de là à Alençon, etc. »

XV. Extrait de la chronique de Normandie, ch. 59.

« L'an 1440, Posthorn de Sainte-Traille (Xaintrailles), la Hyre, Amados de Vignoles et autres capitaines firent grande assemblée et se nommoient alors les Biernois, si vindrent au Bec-Hellouin, en l'abbaye, qui étoit une forte place quand les Anglois l'abbatirent, et un peu au-devant aucuns françois y étoient entrés qui tuèrent les anglois dedans. Et cette nuit, comme ils avoient fait grande chère, vint de la ville de Bernay trois cents Anglois qui les prindrent à dépourvu et firent grand meurtre et occirent un prêtre à l'Eglise en disant Messe, mais tous iceux Anglois successivement moururent meschamment etc. (cet article doit être avant le précédent).

XVI. Inscription qui se voit dans l'Eglise de N.-D. à la 2e vitre en descendant des fonds baptismaux :

« M. Robert de Lory, prêtre et curé de cette par^{e}, lequel trépassa le 2e jour de juillet 1481 et a donné cette verrine, priez Dieu pour luy »· Cette vitre représente la naissance du Sauveur, et on y voit un prêtre à genoux, en rochet et soutane violette. Ces de Lory étoient du lieu, car, dans un vieux registre, en 1448, on trouve un Gustave de Lory, et en 1515 un Guill^{e} de Lory.

Dans le même registre, on lit que l'on fit fondre en 1531, une grosse cloche du poids de 4,000 livres. Les fondeurs eurent 60 l. tournois et le métail couta le cent 17 l. 10 s. et il en fut employé pour 700 livres.

XVII. En 1563, le prince Porcien, ne put prendre Lisieux, les habitants toujours zélés contre les hérétiques, le repoussèrent et enlevèrent partie de son bagage ; ceux de Bernay zélés comme eux voulurent les imiter, mais n'étant pas de la même force, leur ville fut prise d'assaut le 18 mars, fut saccagée et les ecclésiastiques traînés au supplice.

XVIII. Nous apprenons d'un ancien livre appartenant à l'église de Notre-Dame qu'en 1596, la peste étoit à Bernay et d'autres mémoires nous disent qu'elle y étoit encore dans le siècle suivant.

Notre ville à la fin du 16e siècle a essuyé bien des malheurs, peu avant la peste dont nous venons de parler, elle avoit horriblement souffert dans la guerre des Gautiers. C'étoit des paysans du village de la Chapelle-Gauthier, d'où ils prirent leur nom, qui quittèrent la charrue et se révoltèrent ; leur nombre s'augmenta considérablement et jusqu'à 12 ou 15,000 ; ils s'étoient rendus maîtres à Vimoutiers et à Bernay et c'étoit là, avec la Chapelle-Gautier leur principales retraites, le duc de Montpensier les avoit battus en campagne après une longue résistance et ils y perdirent plus de 3,000 hommes; ils les força à Vimoutiers qui n'étoit qu'un bourg et qui ne put pas résister longtemps; ils eurent plus de 1,000 hommes tués, le reste fait prisonnier, fut remis en liberté après avoir juré qu'ils ne porteroient plus les armes contre le Roi et ils reprirent leurs métiers de laboureurs. Mais il n'en fut pas de même à Bernay, dit l'historien, cette ville voulut se faire battre dans les formes, il fallut employer la grosse artillerie et l'on y donna deux assauts : au second il y eut un combat qui dura 4 heures, enfin Bacqueville et Grimouville y entrèrent à la tête de leur soldats et la place fut forcée. L'on y fit un grand carnage et la dplupart de la ville fut brûlée. Le dernier assaut coûta seize genthilshommes et cent soldats aux royaux. Les habitants qui se rendirent à discrétion furent sauvés et les Gautiers aux mêmes conditions que ceux de Vimoutiers. Il en restoit encore bien 3,000 à la Chapelle, qui prirent le parti de se rendre et les curés du pays obtinrent leur grâce ; ainsi la révolte des Gautiers fut étouffée, tous retournèrent cultiver leurs terres, après de grandes pertes et après avoir attiré à Bernay bien des malheurs et de la misère, l'Eglise de la Couture souffrit beaucoup pendant ces guerres et perdit son argenterie, comme nous l'apprenons du registre ci-devant cité, où nous voyons différents achats pour réparer.

XX. En 1627, l'abbaye de Bernay prit la Réforme de la Congrégation de St-Maur, et en 1658, les pénitents fondés en 1490 reçurent aussi la réforme. Ils étoient logés à Bernay, au faubourg de la route de Rouen, ils se transplantèrent au faubourg de la rue Marie, près l'église N.-D. Nous remarquerons ici, que vers la fin de ce siècle, un ouragan très violent, renversa la tour de l'église Ste-Croix, qui étoit un ouvrage fort beau et fort élevé, cela arriva sur le soir, pendant que l'on faisoit un salut auquel assistoient quelques personnes de piété, il y en a eu 16 tuées ou blessées.

Dans ce siècle ausi, fut fondé le collège par les charités de M. Lasse.

XXI. Dans le même siècle, vers le milieu, M. Bertre, prêtre de N.-D. de la Couture a publié un petit livre des miracles opérés en cette église, par l'intercession de la Ste Vierge. Il seroit à souhaiter que l'on en eût fait autant dans les autres siècles, ou si l'on a fait, le malheur des temps a fait tout périr avec les procès verbaux qu'on en aura pu dresser. Ce n'est pas que M. Bertre nous ait donné un ouvrage bien travaillé, mais au moins une collection de faits toujours précieuse, il date, il nomme les personnes miraculées, quelques fois, les témoins et les médecins, tour celà est bon, s'il y avoit joint copie exacte des procès verbaux, si aucuns ont été faits, celà auroit donné un prix à l'ouvrage, au moins, il ne craignoit pas d'être contredit, puisqu'il n'a recueilli que les miracles faits de son temps ou peu avant lui, quelques-uns du siècle précédent, ainsi il avait presque toujours des témoins vivants. Cette partie de son livre est écrite sur un grand carton, exposé à la vue de tout le monde dans la grande chapelle du Rosaire, nous rapporterons ici un des miracles qui suffira.

En 1638, une peste furieuse dépeuploit la ville de Lisieux, on ordonna une procession générale à Notre-Dame de la Couture de Bernay, elle se fit avec beaucoup de piété et d'édification ; plusieurs vinrent nus pieds, la dévotion et les prières furent ferventes, et de ce jour, la peste cessa. Mrs de Lisieux en ont voulu conserver un monument durable, ils ont fait élever sur une des portes de la ville (la Porte-d'Orbec), une image de la Ste-Vierge, de grandeur naturelle, et assez ressemblante à celle de la Couture, et au-dessous est écrit en lettres d'or « Notre-Dame de la Couture priez pour nous, » mais ce qui vaut le mieux, c'est la piété constante des Lexoviens envers N.-D de la Couture.

Nous rapporterons encore un autre miracle, opéré à Paris, dans le sein de la maison de Verthamont qui envoya une lampe d'argent à ses armes, etc. M. Bertre a donc fait une bonne œuvre de transmettre à la postérité la mémoire des bienfaits du Seigneur et de sa *Ste*-Mère, son livre montre son zèle et sa piété, mais nous ne pouvons nous dispenser de dire, sans vouloir offenser sa mémoire que nous respectons, que la 1ère partie de son petit livre et où il veut donner une idée de la fondation de cet ancien temple, ne signifie rien et n'est fondé sur rien.

XXII. Les commencements de notre siècle ont vu naître à Bernay un ouvrage de grande importance, c'est l'Hopital Général. Dieu choisit dans une maison de la ville, où il étoit connu et adoré, celle qu'il avoit destinée, par miséricorde sur notre ville, pour mettre la première et la dernière main à cette bonne œuvre. Madame... d'Alzac, jeune veuve de Mr. de Tigeville, ne pensoit qu'à se cacher et mourir au monde, lorsque Dieu la suscita par la voix d'un de ses vrais serviteurs, à venir au secours du pauvre et de l'indigent. Une ferme confiance en Dieu, un amour sincère pour les malheureux, une piété solide, un esprit peu commun, tout celà, avec de longues années, lui ont fait entreprondre avec courage et porter à sa perfection avec des peines et des frais infinis, cet heureux asile de la pauvreté. La mémoire de cette vénérable dame ne s'éteindra jamais. Si nous avions des mémoires, nous duterions et exposerions les faits par ordre, mais il faut se contenter de dire qu'elle a acheté tout, et qu'elle a bâti tout, qu'elle a fourni a toutes les dépenses, et enfin doté avantageusement cette grande maison, et la Providence qui l'avoit appelée a fourni à tout.

XXIII. Nous avons déja dit que dans le dernier siècle, on avoit travaillé peu à peu à réparer dans l'église de N.-D. les pertes qu'y avoit causé la guerre, on a continué depuis, mais ça été un grand bonheur pour pour cette paroisse, d'avoir vu, dans son sein, pendant 30 ans, avec une édification la plus chrétienne et une charité abondante un seigneur de la maison Dauvet (Dauvet Cte de Bouffey) qui après avoir servi glorieusemt le Roi dans ses armées, s'étoit donné tout entier à Dieu, et employoit son bien pour le soulagement de ses pauvres et la décoration de son temple. Il a donné le grand ornement de velours, un autre violet, une grande lampe d'argent, six chandeliers de même, etc... il a fait couvrir l'église d'ardoise ; il se refusoit mille choses pour donner aux pauvres, il leur a laissé une forte fondation, etc. Les bonnes œuvres l'ont accompagné jusqu'au tombeau, La paroisse pleine de reconnoissance luy a marqué son respect pendant sa vie et luy a fait une fondation pour être exécutée après sa mort. La décoration de l'église a encore été continuée avantageusement depuis quelques années par les soins du respectable pasteur qui la régit.

XXIV. Un dernier trait, ne doit pas nous échapper, c'est la mort précieuse de noble et vénérable personne, messire Louis-Alexandre d'Irlande, arrivée le 12 juillet 1740 ; c'étoit un saint prêtre de l'Eglise de Notre-Dame, directeur et administrateur général de l'hopital général, lequel bien éloigné de se prévaloir de la distinction que lui a donné sa naissance et son mérite, ne montroit dans toutes ses actions que la réalité de ce grand mot de l'Evangile : « Apprenez de moi, dit le Sauveur, que je suis doux et humble de cœur ». Regardant avec une sainte frayeur les dignités de l'Eglise il les a refusées avec autant d'empressement que tant d'autres recherchent. Confiné avec les pauvres qu'il a toujours aimés tendrement et dont il n'étoit pas moins aimé, il s'occupoit à les chercher et à les nourrir, à les instruire, à les conduire à Dieu, il a demandé à être inhumé au milieu d'eux dans le cimetière de l'hôpital. Il est mort à l'âge de 42 ans. JUVENIS QUIDEM SED MATURUS DEO

XXV. Depuis peu d'années, le sieur Hubert des Cours de Bernay, qui vient de mourir, a inventé la chandelle économique qui a acquis en peu de temps de la réputation; en effet, elle est belle et blanche comme la cire et dure longtemps. Il s'en est fait un grand débit.

Coigney, ruisseau qui a ses sources à une demie lieue à l'ouest de la ville de Bernay au dessous de l'ancienne Léproserie de la Madéleine. A deux pas de sa source, il est joint par le ruisseau de la Planquette, qui prend sa source de l'autre coté, au S. O, tout proche, et tous deux réunis sous le nom de Coigney, font aller un moulin et forment une petite rivière, qui coule au nord du fauxbourg de Coigney, et le long de la ville formoit anciennement un étang, près de la porte de Lisieux, qui est maintenant desséché. La rivière remise dans son lit, entre dans la ville, sous un pont de pierre, et après avoir été très utile à la ville, va se jeter par deux bouches dans la Carentonne après une demie lieue de cours.

CITATIONS :

1. Masséville. Etat Géographique de Normandie, T. I et 2. Hist. de Norm. T. 1. 2. 3. 4. et 6.

2. Corneille. Diction. universel Géograph. etc, au mot Bernay.

3. Vosgien. id. id.

4. Moreri. id. id Edit de 1759.

5. Origine de Caen p. 294.

6. Mémoires sur les lieux.

7. NEUSTRIA PIA, etc., p. 398 et s.

8. A. Du Chesne, ANTIQUITÉS DES VILLES etc, liv. 7. chap. 5.

9. Mézeray. ABREGÉ DE L'HIST. DE FRANCE etc, à l'an 1032.

10. Rob. Cænelis — HIERARCHIA NEUSTRIA tom. 5.

Fait et arrêté, à Bernay, ce 20 mars, mil sept cents soixante cinq et envoyé à M. l'Intendant le dit Jour.

FOUCQUES.

(Archives départementales de l'Or[illegible] C. [illegible]78)

ŒUVRES DE E. VEUCLIN :

1873-1889. — Nombreux Articles de Journaux et 85 Notices.
Chapelles et Messes des 2 Prisons de Bernay.
Une Philantrope normande : Georgette Leg. as.
Les deux Confréries des Toiliers Bernay.
Erection de la Confrérie du Saint-Sacrement.
L'Agriculture en 1787 dans le Pays d'Ouche.
La Prison de Bernay en 1789.
Le Pèlerinage de Notre-Dame de la Couture.
Deux épisodes de la Révolution à Broglie.
L'église de Saint-Martin-du-Parc.
Remarques de Curés normands.
Huguenots et Gautiers à Bernay.
La Saint-Louis à Thiberville en 1790.
La Fête-Dieu à Bernay au siècle dernier.
La Chapelle du Collège de Flers. Une Bannière.
Une rare et belle Fête à Verneusses.
Un Poète ignoré : Lelièvre, ex-instituteur.
Sorciers et Empiriques à Bernay et aux envir[s]
Quelques Croix de Cimetières.
Exécution de Sorciers au 17e siècle.
Notes du curé de Folleville. 1672-1696.
Notes sur la Paroisse de St-Aubin le-V.
Quelques Fêtes de la Révolution à Chambrais
Lettres d'un Soldat de la Grande Armée.
Confréries anti-esclavagistes du 17e siècle.
1890. — 2 Lettres inédites de Thomas Lindet.
Maison de Charité de l'Hôtel-Dieu de Bernay.
Les Fêtes baladoires au siècle dernier.
Le Mariage d'une Rosière à Bernay en 1807.
Derniers Souvenirs de l'Abbaye de Bernay
L'Ecole de la Maison de Charité de Meulan.
Une manufacture de frocs dans un presbytère
Saint Vincent de Paul en Normandie.
Un conflit clérical dans le diocèse de Lisieux
Tenue des petites Ecoles à Bayeux en 1690.
Les Processions du Roumois et de la Fête-Dieu
Notes pour l'histoire de Pierre-Ronde.
Les 4 Canons de Bernay.
Documents sur le canton de Beaumesnil.
Les Ecoles chrétiennes de Lisieux. 124
Documents pour l'histoire de Beaumont-le-R
Glanes historiques sur le canton de Brionne.